Francisco Catão

Jesus, Senhor da Vida
Dezoito orações de cura

Paulinas

Bíblia Sagrada

3ª edição – 2010
5ª reimpressão – 2025

Nenhuma parte desta obra poderá ser reproduzida ou transmitida por qualquer forma e/ou quaisquer meios (eletrônico ou mecânico, incluindo fotocópia e gravação) ou arquivada em qualquer sistema ou banco de dados sem permissão escrita da Editora. Direitos reservados.

Cadastre-se e receba nossas informações
paulinas.com.br
Telemarketing e SAC: 0800-7010081

Paulinas

Rua Dona Inácia Uchoa, 62
04110-020 – São Paulo – SP (Brasil)
📞 (11) 2125-3500
✉ editora@paulinas.com.br
© Pia Sociedade Filhas de São Paulo – São Paulo, 2007

Introdução

Jesus curou a mulher que, há dezoito anos encurvada, tornou-se capaz de louvar a Deus de cabeça erguida (cf. Lc 13,11). Essa mulher é símbolo de todos os doentes do mundo inteiro, que buscam a saúde com fé em Deus e se veem curadas, para louvar a Deus em sua vida.

A doença cai, em geral, como um temporal inesperado. Corta-nos da vida normal, reduz-nos à inatividade e à dependência dos outros, fere-nos com a dor e a incapacidade mais ou menos grave, tira-nos o gosto e a alegria de viver. Numa palavra, a doença nos encurva, impede de olhar para o alto e de caminhar na realização progressiva de nossos projetos e sonhos.

A saúde sorri como um arco-íris de bonança, uma aurora de paz e de alegria.

Retoma-se a vida com novo ânimo. Enriquecidos pela experiência, vive-se mais intensamente, e melhor se apreciam os bens que temos a nosso dispor.

Grande sabedoria é saber passar por essas duas faces da vida, a doença e a saúde, sem se deixar abater e até tirando delas grande proveito. A cura se situa justamente entre as duas, é a chave dessa conquista. Na medida em que o doente é levado a apelar para poderes transcendentes, dos quais espera a cura, descobre o verdadeiro sentido da vida. Todas as tradições religiosas foram assim levadas a se ocupar da cura. Ainda hoje, quando se deposita grande confiança na ciência e na técnica, verifica-se em todos os ambientes humanos a busca da cura pelo recurso às forças do alto.

Dentre as grandes tradições religiosas que têm uma compreensão profunda da cura está o cristianismo. Tudo se resume nas curas de Jesus, cuja riqueza é inesgotável. Há nos evangelhos inúmeras passagens em que a ação de Jesus é apresentada como uma ação de cura. "Ao anoitecer, depois do pôr do sol, levavam a Jesus todos os doentes [...]. Ele curou muitos que sofriam de diversas enfermidades" (Mc 1,32.34; cf. Mt 8,16-17; Lc 4,40-41).

As curas de Jesus têm uma significação decisiva para a fé. É importante notar, por exemplo, que é justamente no contexto dessas curas que o evangelista Mateus interpreta o agir de Jesus como o agir do misterioso Servo do Senhor, a que se refere Isaías, que a tradição cristã considera a principal profecia a respeito da Paixão. Duas passagens devem ser consideradas:

> Ao anoitecer, levaram a Jesus muitos possessos. Ele expulsou os espíritos pela palavra e curou todos os doentes. Assim se cumpriu o que foi dito pelo profeta Isaías: *"Ele to-*

mou as nossas dores e carregou as nossas enfermidades" (Mt 8,16-17, citando Is 53,4).

Grandes multidões o seguiram, e ele curou a todos. [...] Assim se cumpriu o que foi dito pelo profeta Isaías: *"Eis o meu servo que escolhi"* (Mt 12,15.17-18, cf. Is 42,1-4; 41,9).

A *Bíblia de Jerusalém*[1], em nota à primeira passagem, observa com justeza: "Para Isaías, o Servo 'tomou' sobre si nossas dores pelo seu próprio sofrimento expiatório. Mateus entende que Jesus as 'tomou', removendo-as através de suas curas miraculosas. Essa interpretação, aparentemente forçada, encerra, na realidade, profunda verdade teológica: é justamente porque Jesus, o 'Servo', veio tomar sobre si a expiação dos pecados,

---
[1] São Paulo, Paulus, 2002.

que pode aliviar os homens de seus males corporais, que são a consequência e a pena do pecado".

Numa linguagem menos técnica, para Mateus, Jesus é o salvador do mundo pela sua paixão, cruz e ressurreição. A passagem pelo sofrimento e pela morte, que o leva à aurora da ressurreição, figura como princípio de sua ação de cura. Isso demonstra a importância que o Novo Testamento confere às curas praticadas por Jesus. Desde as suas origens, os cristãos o compreenderam e praticam a oração de cura, sacramental cuja expressão maior é o sacramento da unção dos enfermos.

"A oração feita com fé salvará o doente, e o Senhor o levantará", diz a carta de Tiago (5,15), numa passagem que mostra como se praticavam as orações de cura nas origens do cristianismo. Suas formas evoluíram muito no decurso da história. Novas tendências e novos movimentos impuseram outros modelos de oração de cura. As orações aqui propostas procuram voltar à verdade bíblica, que ajuda a situar-nos em face da doença e da morte, inspirados no comportamento e nos sentimentos de Jesus, que declarou ser "a ressurreição e a vida" (cf. Jo 11,25).

Na verdade, Jesus é o parâmetro da oração de cura, como de toda a Boa-Nova. Não apenas por ser o Filho de Deus, Palavra de Deus, desde toda eternidade, encarnada num determinado momento da história como filho de Maria, mas porque, sendo homem, cumprindo a vontade do Pai, tomou sobre si todas as nossas enfermidades (cf. Hb 4,15) e soube ter compaixão (cf. Hb 5,2), tornando-se mediador único de todas as graças, inclusive de nosso bem-estar físico, antecipando a ressurreição.

Com Jesus, a doença tornou-se tempo favorável, momento de salvação, pois nos faz participar de seus sofrimentos e, assim, de sua consolação, como nos lembra Paulo: "Bendito seja o Deus e Pai de nosso Senhor Jesus Cristo, o Pai das misericórdias e Deus de toda consolação. Ele nos consola em todas as nossas aflições [...]. Pois, à medida que os sofrimentos de Cristo crescem para nós, cresce também a nossa consolação por Cristo. [...] E essa consolação sustenta vossa constância em meio aos mesmos sofrimentos que nós também padecemos [...] pois sabemos que, assim como participais dos nossos sofrimentos, participais também da nossa consolação" (cf. 2Cor 1,3-7). A cura é mais do que simples sinal: é símbolo, realização concreta e significativa de nossa salvação.

A estrutura das dezoito orações é clássica: salmo, leitura, breve consideração e oração. Podem ser escolhidas aleatoriamente, pois não há nenhuma sequência entre elas. Na verdade, propõem o conteúdo de duas novenas que podem ser objeto de meditação pessoal ou de pequenas celebrações de cura, desde que inseridas num conjunto ritual, que lhes propomos como quadro, inspirado nos rituais de bênção.

A ORAÇÃO DE CURA
Esquema de celebração

V. Vinde, ó Deus, em meu auxílio.
R. Socorrei-me sem demora!

Glória ao Pai, ao Filho e ao Espírito Santo.
Como era no princípio, agora e sempre.
Amém.

Abertura
(variável, de acordo com a oração escolhida)

Presidente: Ouçamos com fé a Palavra de Deus, que nos cura de todas as nossas fraquezas.

1º leitor: *Leitura da Sagrada Escritura (variável).*

2º leitor: *Breve consideração (variável).*

Preces

Presidente: Invoquemos o Senhor, pedindo a cura para ... (nomear o/a doente ou doentes).

V. Deus, Pai de Misericórdia, tende compaixão de ...

R. Senhor, tende piedade de nós.

V. Cristo, Salvador e Senhor da vida, tende compaixão de ...

R. Cristo, tende piedade de nós.

V. Senhor, consolação nossa, fonte de toda santidade, tende compaixão de ...

R. Senhor, tende piedade de nós.

1º leitor: Unidos numa mesma intenção, recitemos a oração que Jesus nos ensinou. Pai nosso que estais nos céus ...

Presidente: No Espírito de Jesus Salvador, cura para todos os nossos males, invoquemos o poder e a misericórdia de Deus.

Oração
(variável)

Conclusão

Presidente: O Senhor nos abençoe e nos livre de todo o mal e nos conduza à vida eterna. Amém.

1

O carinho com os doentes

Abertura (Sl 6,2-6)

Senhor, não me repreendas em tua ira,
nem me castigues em tua indignação.
Tem piedade de mim, Senhor,
pois perdi as forças;
cura-me, Senhor, pois meus ossos
estão abalados;
e minha alma está aflita ao extremo.
Mas tu, Senhor, até quando?
Volta, Senhor, livra minha alma,
salva-me em tua piedade.
Pois na morte ninguém se lembra de ti,
quem te louvará na mansão dos mortos?

Leitura (Mc 1,29-34)

Logo que saíram da sinagoga [de Cafarnaum], foram com Tiago e João para a casa de Simão e André. A sogra de Simão estava de cama, com febre, e logo falaram dela a Jesus. Ele aproximou-se e, tomando-a pela mão, levantou-a; a febre a deixou, e ela se pôs a servi-los.

Ao anoitecer, depois do pôr do sol, levaram a Jesus todos os doentes. [...] Ele curou muitos que sofriam de diversas enfermidades.

Breve consideração

Jesus está na "sua" cidade, no início de seu ministério. Acabara de libertar um endemoniado na sinagoga. Retira-se para a casa de Pedro e de André. Cura carinhosamente a sogra de Pedro da febre que a retinha no leito. Entardece. Muitos doentes lhe são trazidos e muitos curados por seu simples gesto de bondade.

Oração

Deus, Pai de misericórdia, confiantes na amizade e no carinho de teu Filho que veio habitar entre nós, pedimos que sua presença e bondade sejam para todos nós um princípio de vida, abrindo-nos o coração ao seu Espírito e curando nosso corpo de nossas enfermidades. Pelo mesmo Jesus Cristo, teu Filho, na unidade do Espírito Santo. Amém.

2

O alívio da viúva

Abertura (Sl 16,8-11)

Sempre coloco à minha frente o Senhor,
ele está à minha direita, não vacilo.
Disso se alegra meu coração,
exulta a minha alma;
também meu corpo repousa seguro,
pois não vais abandonar minha vida
no sepulcro,
nem vais deixar que teu santo
experimente a corrupção.
O caminho da vida me indicarás,
alegria plena à tua direita, para sempre.

Leitura (Lc 7,11-15)

Jesus foi a uma cidade chamada Naim. [...] Quando chegou à porta da cidade, coincidiu que levavam um morto para enterrar, um filho único, cuja mãe era viúva. Uma grande multidão da cidade a acompanhava. Ao vê-la, o Senhor encheu-se de compaixão por ela e disse: "Não chores!". Aproximando-se, tocou no caixão, e os que o carregavam pararam. Ele ordenou: "Jovem, eu te digo, levanta-te!". O que estava morto sentou-se e começou a falar. E Jesus o entregou à sua mãe.

Breve consideração

Jesus é fonte da vida. Suas palavras e seus gestos, mais do que vida aos doentes, são mesmo capazes de nos curar da morte. A seus olhos, como Filho de Deus, não há diferença entre a doença que prenuncia a morte e a morte que resulta da doença, pois toda sua ação está comandada pelo amor, que alivia nossas dores e nos conduz a viver com ele eternamente.

Oração

Deus, que nos criaste para ti e que nos conduzes a ti pelo caminho de teu Filho, que triunfou da morte e nos enviou o Espírito da vida, vem em nosso auxílio na doença e em nenhum momento nos abandones, pois esperamos de ti a vida eterna. Pelo mesmo Jesus Cristo, teu Filho, na unidade do Espírito Santo. Amém.

3

Tudo é possível para quem tem fé

Abertura (Eclo 38,9-12)

Filho, se adoeceres, não te descuides,
mas roga ao Senhor, e ele há de curar-te.
Evita as faltas, torna reto o agir
de tuas mãos
e purifica teu coração de todo pecado;
oferece incenso e a oblação
de farinha fina,
faze uma oferenda generosa conforme
tuas possibilidades
e recorre ao médico,
pois também a ele
o Senhor criou.

Leitura (Lc 9,37-40; Mc 9,18.22-26)

Ao descerem da montanha, uma grande multidão foi ao encontro de Jesus. Nisso, um homem, no meio da multidão, começou a gritar: "Mestre, peço-te que olhes para o meu filho! É o único filho que tenho. Um espírito o domina [...]. Com muita dificuldade o deixa, depois de machucá-lo. Pedi a teus discípulos que o expulsassem, mas não conseguiram". [...] Jesus respondeu: "Ó geração sem fé [...]. Traze aqui teu filho". Jesus [...] repreendeu o espírito impuro, curou o menino e o entregou ao pai. E todos ficaram maravilhados com o poder de Deus.

Breve consideração

Jesus é a fonte da vida. Suas palavras e seus gestos curam os doentes e mostram que ele é capaz de nos libertar da morte. Aos olhos de Jesus, Filho de Deus encarnado, pecado, doença e morte são formas do mal que cometemos ou sofremos. E Jesus, por sua ressurreição, através de sua paixão e de sua morte, nos liberta de todo mal. A doença, na perspectiva de Deus, tem sempre a ver com o pecado, que é também resultado da ação de maus espíritos. Daí a importância de orar no Espírito, para cortar o mal pela raiz, ver-se livre dos maus espíritos e curar-se da doença.

Oração

Deus, em cujas mãos estamos inteiros, espírito e corpo, ajuda-nos a crer que tudo podes. Ilumina-nos o espírito e cura-nos de nossas doenças, para que possamos contar sempre também com o poder de teu Filho, para viver plenamente de teu Espírito nos dias que correm até o momento feliz de nosso encontro para sempre. Pelo mesmo Jesus Cristo, Nosso Senhor, na unidade do Espírito Santo. Amém.

4
Senhor, a ti clamei e me curaste

Abertura (Sl 30,3-8)

Senhor, meu Deus, a ti clamei e
me curaste.
Senhor, tu me fizeste voltar do abismo,
restituíste-me a vida para eu não
descer à sepultura.
Cantai hinos ao Senhor, ó seus fiéis,
rendei graças à sua santa memória;
porque sua ira dura um instante,
a sua bondade, por toda a vida.
Se de tarde sobrevém o pranto,
de manhã vem a alegria.
Quando eu era feliz, eu disse:
"Nada vai me fazer vacilar!".
Na tua bondade, Senhor,
me fizeste mais firme que um monte.

Leitura (Mc 1,40-45)

Um leproso aproximou-se de Jesus e, de joelhos, suplicava-lhe: "Se queres, tens o poder de purificar-me!". Jesus encheu-se de compaixão, e estendendo a mão sobre ele, o tocou, dizendo: "Eu quero, fica purificado". Imediatamente a lepra desapareceu, e ele ficou purificado. Jesus, com severidade, despediu-o e recomendou-lhe: "Não contes nada a ninguém! Mas vai mostrar-te ao sacerdote e apresenta, por tua purificação, a oferenda prescrita por Moisés. Isso lhes servirá de testemunho". Ele, porém, assim que partiu, começou a proclamar e a divulgar muito este acontecimento.

Breve consideração

Clamemos a Deus em nossas dificuldades de saúde, como o salmista e o leproso. É uma forma de confessar a nossa fé. Mais do que uma queixa pelo que sofremos, é uma forma de tornar clara nossa confiança no poder de Deus, que nos pode restituir a saúde, e na compaixão de Jesus, que estende a mão sobre nós e nos toca o coração, confirmando sua vontade de que vivamos em paz com o irmão corpo. Que nossa cura ou daqueles pelos quais oramos seja o reconhecimento público do poder de Deus, que se manifesta na sua lei de amor.

Oração

Deus, Pai todo-poderoso, que manténs o universo pela sabedoria de tua Palavra e pela força de teu Espírito, digna-te vir em socorro de nossas dificuldades de saúde, com a compaixão de teu Filho e a ação vivificadora de teu Espírito, e seremos curados para proclamar o teu louvor em meio ao teu povo, agora e para sempre.

Pelo mesmo Jesus Cristo, Nosso Senhor, na unidade do Espírito Santo. Amém.

5
Faça-se conforme a tua fé

Abertura (Sl 54,3-4.6.8-9)

Deus, pelo teu nome, salva-me,
pelo teu poder faze-me justiça;
Deus, ouve a minha oração,
presta ouvidos às palavras
da minha boca.
Eis que Deus virá em meu auxílio,
o Senhor sustenta a minha vida.
De todo o coração vou te oferecer
um sacrifício,
o sacrifício de louvor a teu nome,
Senhor, porque és bom;
porque de toda a angústia me livraste.

Leitura (Mc 10,46-52)

Chegaram a Jericó. Quando Jesus estava saindo da cidade, acompanhavam-no os discípulos e uma grande multidão. O mendigo cego, Bartimeu, filho de Timeu, estava sentado à beira do caminho. Ouvindo que era Jesus Nazareno, começou a gritar: "Jesus, filho de Davi, tem compaixão de mim". [...] Jesus parou e disse: "Chamai-o!". Eles o chamaram dizendo: "Coragem, levanta-te! Ele te chama!". O cego jogou o manto fora, deu um pulo e se aproximou de Jesus. Este lhe perguntou: "Que queres que eu faça?". O cego respondeu: "Rabûni, *meu mestre*, que eu veja". Jesus disse: "Vai, tua fé te salvou". No mesmo instante, ele recuperou a vista e foi seguindo Jesus pelo caminho.

Breve consideração

O encontro com o cego (cf. Mt 9,27; 20,30 – um ou dois, pouco importa), cuja fé o faz gritar ao saber que se aproximava Jesus, manifesta ao mesmo tempo o poder do filho de Davi e a exigência de fé em quem suplica a cura. Na passagem de Mateus, a ordem de Jesus é ainda mais clara: "Faça-se conforme a tua fé!". A cura, fruto do poder de Deus, é expressão da fé. Na dura batalha da saúde contra a doença, nossa grande arma é a fé, a solidez da mente, que nos torna aptos a receber a força vivificante do Espírito de Jesus.

Oração

Deus, cuja luz brilha no mundo na face de teu Filho e cujo Espírito sustenta o universo e renova todas as coisas, vem em nosso auxílio, que lutamos contra o mal na nossa alma e no nosso corpo. Vem proteger-nos das ciladas do demônio e de todas as nossas fraquezas, para que nos sejam abertos os olhos da fé, a fim de que possamos, na luz de tua Palavra, viver plenamente de teu Espírito.

6

Aí está o vosso Deus

Abertura (Is 35,1-4)

Alegrem-se o deserto e a terra seca,
dance o chão duro,
florido como a palma.
Que se cubra de flores, dance
e comemore,
pois Deus lhe deu o esplendor
do Líbano,
a beleza do Carmelo e do Saron.
Eles hão de ver a glória do Senhor,
a majestade do nosso Deus.
Fortalecei esses braços cansados,
firmai os joelhos vacilantes.
Dizei aos aflitos: "Coragem!
Nada de medo!
Aí está o vosso Deus".

Leitura (Mc 2,1-12)

Jesus dirigia-lhes a palavra. Trouxeram-lhe um paralítico, carregado por quatro homens. Como não conseguiam apresentá-lo a ele, por causa da multidão, abriram o teto, bem em cima do lugar onde ele estava, e, pelo buraco, desceram a maca em que o paralítico estava deitado. Vendo a fé que eles tinham, Jesus disse ao paralítico: "Filho, os teus pecados são perdoados".

Estavam ali sentados alguns escribas, que no seu coração pensavam: "Como pode ele falar deste modo? Está blasfemando. Só Deus pode perdoar pecados!". [...] Jesus logo percebeu que eles assim pensavam e disse-lhes: "[...] Que é mais fácil, dizer ao paralítico: 'Os teus pecados são perdoados', ou: 'Levanta-te, pega tua maca e anda'?. Ora, para que saibais que o Filho do Homem tem na terra poder para perdoar os pecados – disse ao paralítico –

eu te digo: levanta-te, pega a tua maca, e vai para casa!". O paralítico se levantou e, à vista de todos, saiu carregando a maca.

Breve consideração

A cura do paralítico, como toda cura, é, ao mesmo tempo, manifestação do perdão de Deus – que está na origem de toda salvação –, e sinal do triunfo da fé – que reconhece Jesus no papel que o Pai lhe reserva como Filho do Homem, segundo as belas imagens da revelação dos tempos definitivos. Façamos de tudo para estar na presença de Jesus e dele ouvir suas palavras de salvação e de cura.

Oração

Deus, que enviaste teu Verbo como expressão máxima da humanidade, verdadeiro Filho do Homem, e que por ele nos comunicaste tua salvação, teu Espírito de Verdade e de Força, para que corramos nos caminhos que traçaste no deserto deste mundo, faze que sejamos curados de todos os nossos achaques, para responder com generosa plenitude aos apelos do teu amor. Pelo mesmo Jesus Cristo, Nosso Senhor, na unidade do Espírito Santo. Amém.

7

Não é este o filho de Davi?

Abertura (cf. Jr 30,8-11.17.19)

Naquele dia, diz o Senhor dos exércitos,
quebrarei a canga que está em
teu pescoço,
arrebento também as correntes
que te prendem [...].
Serás servo do Senhor, teu Deus,
não tenhas medo [...]
pois aqui estou eu para te salvar,
contigo eu estou para livrar-te do perigo.
[...]
Vou, então, fazer-te um curativo,
pôr remédio nas tuas feridas. [...]
De lá hão de brotar cânticos
de ação de graças,
hinos de louvor é o que lá se ouvirá.

Leitura (Mt 12,22-26)

Trouxeram um possesso que era cego e mudo. Jesus o curou, e ele começou a falar e a enxergar. Toda a multidão se espantou e começou a dizer: "Não será este o Filho de Davi?". Os fariseus, ao ouvirem isso, disseram: "Ele expulsa os demônios pelo poder de Belzebu, o chefe dos demônios!". Conhecendo seus pensamentos, Jesus lhes disse: "Todo reino internamente dividido ficará destruído; e toda cidade ou família internamente dividida não se manterá. Por isso, se Satanás expulsa Satanás, não se manterá".

Breve consideração

Queiramos ou não, é evidente que a doença pertence à esfera do mal. Ninguém a deseja e tudo se faz para dela se livrar. A cura de Jesus é expressão de sua vitória sobre todo mal, tanto do corpo como do espírito. Os que não o aceitam, atribuem-lhe gratuita e falsamente poderes malignos. Mas se o mal combatesse o mal, certamente se autodestruiria. A oposição dos fariseus à cura de Jesus nos mostra que a doença é uma arena. Orar pela sua cura e nela se empenhar é fazer o jogo do bem, de Deus.

Oração

Deus, que ao ressuscitar teu Filho, nos ensinaste que todo mal há de ser suplantado pelo bem da alma e do corpo, envia-nos o Espírito de Jesus, para que suportemos com fé e confiança as dificuldades dessa vida, nossas próprias enfermidades e a doença de nossos parentes e amigos, a fim de que, vencendo o mal, possamos nos unir a ti em ação de graças e com hinos de louvor. Pelo mesmo Jesus Cristo, teu Filho, na unidade do Espírito Santo. Amém.

8

Não tenhas medo, somente crê!

Abertura (Sl 103,1-5)

Minha alma, bendize o Senhor,
e tudo o que há em mim,
o seu santo nome!
Minha alma, bendize o Senhor,
e não esqueças nenhum de
seus benefícios.
É ele quem perdoa todas as tuas culpas,
que cura todas as tuas doenças;
é ele que salva a tua vida do fosso,
e te coroa com toda sua bondade
e sua misericórdia;
é ele que pela tua vida afora
te cumula de bens;
tua juventude se renova
como a da águia.

Leitura (Mt 9,18-26)

Enquanto Jesus estava falando, um chefe [da sinagoga, Jairo] aproximou-se, prostrou-se diante dele e disse: "Minha filha faleceu agora mesmo; mas vem impor a mão sobre ela, e ela viverá". Jesus levantou-se e o acompanhou, junto com os discípulos.

Nisto, uma mulher que havia doze anos sofria de hemorragias veio por trás dele e tocou na franja de seu manto. Ela pensava consigo: "Se eu conseguir ao menos tocar no seu manto, ficarei curada". Jesus voltou-se e, ao vê-la, disse: "Coragem, filha! A tua fé te salvou". E a mulher ficou curada a partir daquele instante.

Chegando à casa do chefe [...], afastada a multidão, Jesus entrou, pegou a menina pela mão, e ela se levantou. E a notícia disso espalhou-se por toda aquela região.

Breve consideração

Jesus nada mais pediu a Jairo, senão que acreditasse (cf. Mc 5,36). Crer no seu poder de trazer de novo à vida a filha que acabara de falecer. Crer como a mulher que há doze anos sofria de hemorragia, sabendo que lhe bastava tocar a franja do manto para ser curada. A doença renitente e a morte de nossos caros nos dão medo, nos levam, às vezes, aos limites do desespero, quando não nos tiram todo o gosto de viver. Nessas circunstâncias, Jesus é fonte de vida, capaz de nos livrar da morte e de todos os nossos males. A oração de cura tira sua força e eficácia da fé em Jesus.

Oração

Deus, que criaste o mundo e o governas com sabedoria e amor, que cuidas com carinho de todas as coisas e de todos nós, até o menor fio de cabelo que porventura nos venha a cair, tu constituíste teu Filho Jesus com o poder de dar a saúde e a vida. Dá-nos também a graça de nele acreditar até mesmo nas maiores dificuldades, para que, na força de seu Espírito, vivamos da tua vida, desde agora e para sempre. Pelo mesmo Jesus Cristo, na unidade do Espírito Santo. Amém.

9

Dar glória a Deus

Abertura (Sl 126,1-6)

Quando o Senhor trouxe de volta
os exilados de Sião,
pensamos que era um sonho.
Então nossa boca transbordava
de sorrisos
e nossa língua cantava de alegria. [...]
Maravilhas o Senhor fez por nós,
encheu-nos de alegria. [...]
Quem semeia entre lágrimas
colherá com alegria.
Quem vai, vai chorando,
levando a semente para plantar;
mas quando volta, volta alegre,
trazendo seus feixes.

Leitura (Lc 17,11-19)

Caminhando para Jerusalém, Jesus passava entre a Samaria e a Galileia. Estava para entrar num povoado, quando dez leprosos vieram ao seu encontro. Pararam a certa distância e gritaram: "Jesus, Mestre, tem compaixão de nós!". Ao vê-los, Jesus disse: "Ide apresentar-vos aos sacerdotes". Enquanto estavam a caminho, aconteceu que ficaram curados. Um deles, ao perceber que estava curado, voltou glorificando a Deus em alta voz; prostrou-se aos pés de Jesus e lhe agradeceu. E este era um samaritano. Então Jesus lhe perguntou: "Não foram dez os curados? E os outros nove, onde estão? Não houve quem voltasse para dar glória a Deus, a não ser este estrangeiro?". E disse-lhe: "Levanta-te e vai! Tua fé te salvou".

Breve consideração

Deus quer salvar a todos. No seu pensamento, a salvação é universal. Não há excluídos: a cura é oferecida a todos os que apelam para a misericórdia de Deus e para a compaixão de Jesus. Mas nem sempre a cura do corpo, mesmo quando reconhecida publicamente pelos sacerdotes, que exerciam na época a função de médicos, é acompanhada pela cura interior, que nos faz reconhecer o dom de Deus. Mesmo quando se obtém a tão desejada cura, só a podemos integrar na nossa busca pessoal da felicidade quando nos lembramos de agradecer a Jesus e dar glória a Deus.

Oração

Deus, que queres salvar todos os humanos e fazer-nos todos participar, corpo e alma, no Espírito da vida de teu Filho

Jesus, nós te louvamos, porque és Deus, e te agradecemos pela saúde que temos ou que haveremos de recuperar invocando tua compaixão. Pelo mesmo Jesus Cristo, teu Filho, na unidade do Espírito Santo. Amém.

10
O dia do Senhor

Abertura (Os 6,1-6)

Vinde, voltemos para o Senhor!
Foi ele que nos feriu, ele mesmo
vai curar;
ele nos machucou, ele vai limpar
nossas feridas.
Em dois dias ele nos dará vida nova,
no terceiro dia ele nos ressuscita
e poderemos viver na sua presença. [...]
Procuremos o conhecimento do Senhor,
sua chegada é tão certa como o dia de
amanhã [...].
Que farei contigo? [...]
Teu amor é como nuvem passageira [...].
Foi por isso que eu martelei com os
profetas [...].

Eu quero amor e não sacrifícios, conhecimento de Deus e não holocaustos.

Leitura (Mt 12,1-2.7-14)

Num dia de sábado, Jesus passou pelas plantações de trigo. Seus discípulos estavam com fome e começaram a arrancar espigas para comer. Vendo isso, os fariseus disseram-lhe: "Teus discípulos fazem o que não é permitido fazer em dia de sábado!". Jesus respondeu: "[...] Se tivésseis chegado a compreender o que significa 'Misericórdia eu quero, não sacrifícios', não condenaríeis inocentes [...]". Prosseguindo dali, Jesus foi à sinagoga deles. Lá estava um homem com a mão seca. Eles, então, a fim de acusá-lo, perguntaram a Jesus: "É permitido curar em dia de sábado?". Ele lhes disse: "[...] Em dia de sábado é permitido fazer o bem". Disse então ao homem: "Estende a mão!". Ele a estendeu, e a mão ficou curada, sadia como a outra. Os fariseus saíram e tomaram a decisão de matar Jesus.

Breve consideração

A cura é um dom de Deus. Como tal, insere-se no seu desígnio de amor. Criou a tudo e a todos para participarmos de sua vida. À medida que dele nos afastamos, expomo-nos às forças do mal, do qual a doença e a morte são expressões dolorosas. Não é o que Deus quer, nem o que de nós exige com suas leis. Não quer um culto ou uma moral que escravize o ser humano; quer o amor reconhecido de nosso coração, expresso no empenho em curar e fazer o bem ao outro.

Oração

Deus, que queres o bem para todas as tuas criaturas, dá-nos um espírito inteligente e um coração generoso, para que possamos perceber tua presença em nossa vida, mesmo nos momentos difíceis que atravessamos, e não deixe que nosso coração se endureça por causa do rigor do sofrimento. Por Jesus Cristo, teu Filho, Nosso Senhor, na unidade do Espírito Santo. Amém.

11

Louvar a Deus

Abertura (Sl 36,6-10)

Senhor, tua bondade chega até o céu,
tua fidelidade até as nuvens;
tua justiça é como os montes mais altos,
teus juízos, como o grande abismo:
tu salvas homens e animais, Senhor.
Como é preciosa a tua graça, ó Deus!
Os homens se refugiam à sombra
das tuas asas.
Saciam-se da abundância da tua casa,
da torrente das tuas delícias
lhes dás de beber.
Pois em ti está a fonte da vida
e à tua luz vemos a luz.

Leitura (Lc 13,10-17)

Jesus estava ensinando numa sinagoga, num dia de sábado. Havia aí uma mulher que, dezoito anos já, estava com um espírito que a tornava doente. Era encurvada e totalmente incapaz de olhar para cima. Vendo-a, Jesus a chamou e lhe disse: "Mulher, estás livre da tua doença". Ele impôs as mãos sobre ela, que imediatamente se endireitou e começou a louvar a Deus.

O chefe da sinagoga [...] se pôs a dizer à multidão: "Há seis dias para trabalhar. Vinde, pois, nesses dias para serdes curados, mas não em dia de sábado".

O Senhor respondeu-lhe: "Hipócritas! Não solta cada um de vós seu boi ou o jumento do curral, para dar-lhe de beber, mesmo que seja em dia de sábado? Esta filha de Abraão, que Satanás amarrou durante dezoito anos, não devia ser libertada dessa prisão, mesmo em dia de sábado?".

Essa resposta envergonhou todos os inimigos de Jesus. E a multidão inteira se alegrava com as maravilhas que ele fazia.

Breve consideração

O louvor a Deus, ou seja, o reconhecimento de Deus como Deus, tem o primado sobre todos os demais atos de culto. O dia consagrado ao Senhor é o momento mais propício para que se louve a Deus e se tornem públicas as suas maravilhas. É, pois, também, o dia de curar e de fazer o bem. Que hipocrisia a daqueles que, em nome de Deus, colocam os atos de culto à frente da misericórdia! Jesus os repreende. Torna a mulher encurvada capaz de olhar para o alto e de se dar plenamente ao louvor a Deus, que é a fonte da vida e da saúde.

Oração

Deus, Pai de misericórdia, que enviaste teu Filho para nos manifestar o seu amor e o seu poder, cura-nos de toda má inclinação e de toda doença, a fim de que, na comunhão do teu Espírito, possamos louvar-te desde agora e para sempre. Refugiamo-nos à sombra do teu amor para que sejamos curados de todos os nossos males. Pelo mesmo Jesus Cristo, Nosso Senhor, na unidade do Espírito Santo. Amém.

12

Curar ou não?

Abertura (cf. Sl 41,9-13)

Uma doença ruim caiu sobre mim,
de onde estou deitado não vou
levantar-me.
Até o amigo em quem eu confiava,
também aquele com que comia
do meu pão,
levanta contra mim seu calcanhar.
Mas tu, Senhor, tem piedade
e levanta-me [...].
Nisso reconhecerei que me amas [...].
Pela minha integridade me sustentas,
e me fazes ficar na tua presença
para sempre.

Leitura (Lc 14,1-6)

Num dia de sábado, Jesus foi comer na casa de um dos chefes dos fariseus. Estes o observavam. Em frente de Jesus estava um homem que sofria de hidropisia. Tomando a palavra, Jesus disse aos doutores da Lei e aos fariseus: "Em dia de sábado, é permitido curar ou não?". Eles ficaram em silêncio. Então Jesus tomou o homem pela mão, curou-o e o despediu. Depois lhes disse: "Se algum de vós tem um filho ou um boi que caiu num poço, não o tira logo daí, mesmo em dia de sábado?". E eles não foram capazes de responder a isso.

Breve consideração

Por que as curas de Jesus nos sábados (Mt 12,9-14; Mc 3,1-6; Lc 6,6-11; 13,10-17; 14,1-4) causavam tantos problemas? Fariseus e doutores da Lei, sob a alegação de que a cura é um trabalho não mencionado na Lei, condenavam-nas sem apelo. A argumentação de Jesus se baseia na realidade da vida desejada por Deus para os homens e para os animais. Mais que um trabalho, a cura é vista como expressão eficaz do amor e da misericórdia de Deus, fonte do ser e da vida. Curando aos sábados, Jesus afirma o primado do cuidado sobre a ideia de culto e de observância da lei. Somos chamados a ter cuidado com a vida e com os outros, acima de toda conveniência humana e legal.

Oração

Deus, pelos atos e pelas palavras de teu filho Jesus, faze-nos vencer todas as fraquezas e convida-nos a viver no clima de cuidado e de amor, sustentado pelo teu Espírito. Concede-nos a saúde da mente e do corpo para que compreendamos a necessidade de colocar o amor acima de tudo e tenhamos a força para inspirar toda nossa vida pelo cuidado para com o próximo. Pelo mesmo Jesus Cristo, Nosso Senhor, na unidade do Espírito Santo. Amém.

13

Dize-me uma só palavra!

Abertura (Sl 72,10-13.17)

Os reis de Társis e das Ilhas vão
trazer-lhe ofertas,
os reis da Arábia e de Sabá vão
pagar-lhe tributo.
Que o adorem todos os reis da terra,
e o sirvam todas as nações.
Ele libertará o pobre que o invoca
e o indigente que não acha auxílio;
terá piedade do fraco e do pobre,
e salvará a vida de seus indigentes. [...]
Nele serão abençoadas todas
as raças da terra,
e todos os povos vão proclamá-lo feliz.

Leitura (Mt 8,5-13)

Quando Jesus entrou em Cafarnaum, um centurião aproximou-se dele, suplicando: "Senhor, o meu criado está de cama, lá em casa, paralisado e sofrendo demais". Ele respondeu: "Vou curá-lo". O centurião disse: "Senhor, eu não sou digno de que entres em minha casa. Dize uma só palavra e o meu criado ficará curado. Pois eu, mesmo sendo subalterno, tenho soldados sob as minhas ordens; e se ordeno a um: 'Vai!', ele vai, e ao outro: 'Vem!', ele vem; e se digo ao meu escravo: 'Faze isto!', ele faz". Ao ouvir isso, Jesus ficou admirado e disse aos que o estavam seguindo: "Em verdade, vos digo: em ninguém, em Israel, encontrei tanta fé. Ora, eu vos digo: muitos virão do Oriente e do Ocidente e tomarão lugar à mesa no Reino dos Céus, com Abraão, Isaac e Jacó, enquanto os filhos do Reino serão lançados fora, nas trevas, onde haverá choro e ranger de dentes". Então, Jesus disse ao centurião: "Vai! Conforme acreditaste, te seja feito". E naquela mesma hora, o criado ficou curado.

Breve consideração

A cura vem de Deus e é realizada por Jesus, mesmo a distância. Quem tem fé em Jesus é o centurião, mas seu servo é quem é curado. A cura, irradiação da graça do corpo de Cristo, faz sentir seus efeitos em pessoas de todas as culturas e de todas as religiões. Como a salvação, a cura que Jesus nos traz é universal. Por isso, dela se beneficiam mesmo aqueles que não pertencem nem à raça nem à religião de Jesus. Diferentemente dos sacramentos, que são expressão da fé revelada.

Oração

Deus, enviaste teu Filho para salvar a todos e, por seu intermédio, nos deste a todos o seu Espírito, que opera bem além das fronteiras culturais e históricas dos que professam a fé cristã revelada. Faze que, como cristãos, proclamemos em alto e bom som que Jesus é o salvador de todos e dá-nos firmeza no anúncio da cura espiritual e corporal oferecida a todos, pelo mesmo Jesus Cristo, teu Filho, na unidade do Espírito Santo. Amém

14

Impôs-lhe as mãos

Abertura (Sl 119,17-19.44-45)

Sê bondoso com teu servo;
faze que eu viva e observe tua palavra.
Abre-me os olhos
para eu contemplar as maravilhas
de tua lei.
Sou estrangeiro sobre a terra,
não escondas de mim teus
mandamentos.
Vou guardar tua lei para sempre,
por todos os séculos.
Caminharei com segurança,
pois procuro observar teus preceitos.

Leitura (Mc 8,22-26)

Chegaram a Betsaida. Trouxeram-lhe um cego e pediram que tocasse nele. Tomando o cego pela mão, levou-o para fora do povoado, cuspiu nos olhos dele, impôs-lhe as mãos e perguntou: "Estás vendo alguma coisa?". Erguendo os olhos, o homem disse: "Estou vendo as pessoas como se fossem árvores andando". Jesus impôs de novo as mãos sobre os seus olhos, e ele começou a enxergar perfeitamente.[...] Jesus despediu-o e disse-lhe: "Não entres no povoado".

Breve consideração

A cura do cego de Betsaida é cheia de ensinamentos significativos. Trazem a Jesus um homem cego e pedem-lhe que o toque, para que seja curado. Com seu cuspe, Jesus impõe-lhe a mão nos olhos. Num primeiro momento ele recupera a visão imperfeitamente: vê as pessoas se movimentarem como sombras. Somente numa segunda imposição das mãos passa a ver claramente. Jesus lhe prescreve que fique distante do povoado que habitava. O poder de cura de Jesus não suprime a conveniência do rito nem a sua repetição. Lança mão de gestos e se submete ao tempo de amadurecimento, não porque tenha necessidade disso tudo, mas para significar que não se devem dispensar os meios de que dispomos para alcançar nossos objetivos.

Oração

Deus, que dispuseste que teu Filho viesse até nós na humildade da nossa condição e lançasse mão dos parcos recursos de que dispomos para realizar as maravilhas de tua misericórdia, concede-nos, por teu Espírito, a graça da cura pelos meios de que dispomos. Ajuda-nos a aceitar o ritmo de nosso progressivo fortalecimento, acolhendo a cura na fé e guardando-a no silêncio do coração, cumprindo os teus mandamentos, sem necessidade de sinais e de divulgação. Pelo mesmo Jesus Cristo, Nosso Senhor, na unidade do Espírito Santo. Amém.

15

Levanta-te, pega tua maca e anda

Abertura (Sl 31,10-11.13.15-17)

Piedade de mim, Senhor,
pois estou angustiado;
definham de tristeza minha vista,
o corpo e a alma.
Pois minha vida se consome
entre aflições
e meus anos, entre gemidos. [...]
Caí no esquecimento como um morto,
sem vida;
não sou mais que uma coisa inútil.
Mas eu em ti espero, Senhor [...].
Na tua mão está o meu destino [...].
Salva-me na tua bondade.

Leitura (Jo 5,2.5-18)

Existe em Jerusalém uma piscina de cinco pórticos chamada Bezata, em hebraico. Encontrava-se ali um homem enfermo, havia trinta e oito anos. Jesus o viu ali deitado e, sabendo que estava assim desde muito tempo, perguntou-lhe: "Queres ficar curado?". O enfermo respondeu: "Senhor, não tenho ninguém que me leve à piscina, quando a água se movimenta [...]". Jesus lhe disse: "Levanta-te, pega a tua maca e anda". No mesmo instante, o homem ficou curado [...]. Aquele dia, porém, era um sábado. Por isso, os judeus disseram ao homem que tinha sido curado: "É sábado. Não te é permitido carregar a tua maca". Ele respondeu: "Aquele que me curou disse: 'pega tua maca e anda!'". [...] Os judeus começaram a perseguir Jesus [...] (que), porém, deu-lhes esta resposta: "Meu Pai trabalha sempre, e eu também trabalho".

[...] Os judeus procuravam matá-lo, pois além de violar o sábado, chamava a Deus de Pai, fazendo-se assim igual a Deus.

Breve consideração

A narrativa de João põe em evidência aspectos centrais da cura. Jesus toma a iniciativa, pois o enfermo não pode contar com outro auxílio. À revelia das prescrições legais, Jesus o faz com autoridade, violando o sábado. Os judeus não o admitem. Jesus apela para a autoridade de Deus, chamando-o de Pai. Os judeus por isso mesmo o rejeitam e decidem matá-lo. A visita de Jesus a nós, quando enfermos, é momento de um combate espiritual. As práticas religiosas devem dobrar-se diante da autoridade de Jesus. Que a nossa cura seja o instrumento da fé e do acolhimento, em nossa vida, do Filho de Deus.

Oração

Deus, tu nos criaste por amor e por amor nos sustentas, em todos os momentos de nossa vida. Faze que, desconfortáveis com nossas enfermidades, acreditemos na força da tua Palavra e saibamos viver segundo o teu Espírito, que nos leva a superar, com generosidade e caridade, os limites estreitos dos simples preceitos legais. Faze que a doença seja uma ocasião para nos beneficiarmos de tua cura e vivermos para sempre em comunhão com teu amor. Pelo mesmo Jesus Cristo Nosso Senhor, na unidade do Espírito Santo. Amém.

16

Para que se manifestem as obras de Deus

Abertura (Sl 32,1-2.7.11)

Feliz aquele cuja culpa foi cancelada
e cujo pecado foi perdoado.
Feliz o homem a quem o Senhor
não atribui nenhum delito
e em cujo espírito não há falsidade.
Tu és meu refúgio,
me preservas do perigo,
me envolves no júbilo da salvação. [...]
Alegrai-vos no Senhor e exultai, ó justos,
jubilai, vós todos, retos de coração.

Leitura (Jo 9,1-7.38-39)

Jesus ia passando, quando viu um cego de nascença. Os seus discípulos lhe perguntaram: "Rabi, quem pecou para que ele nascesse cego, ele ou seus pais?". Jesus respondeu: "Nem ele, nem seus pais pecaram, mas é uma ocasião para que se manifestem nele as obras de Deus. É preciso que façamos as obras daquele que me enviou, enquanto é dia. Vem a noite, quando ninguém poderá trabalhar. Enquanto estou no mundo, sou a luz do mundo". Dito isso, cuspiu no chão, fez lama com a saliva e aplicou-a nos olhos do cego. Disse-lhe então: "Vai lavar-te na piscina de Siloé" (que quer dizer: "Enviado"). O cego foi, lavou-se e voltou enxergando. [...] (Depois, encontrando Jesus) exclamou: "Eu creio, Senhor!". E ajoelhou-se diante de Jesus. Então, Jesus disse: "Eu vim a este mundo para um julgamento, a fim de que os que não veem vejam, e os que veem se tornem cegos".

Breve consideração

Os discípulos de Jesus, como ainda hoje muitos cristãos, pensando em Deus como alguém que castiga, tendem a atribuir suas dificuldades e sofrimentos ao pecado ou a um poder maligno. Para Jesus, entretanto, situações de enfermidade, como a cegueira, acontecem na vida de qualquer um e devem ser interpretadas e acolhidas como ocasiões de fazer o bem e de dar glória a Deus. Agindo como homem, cuspindo no solo, fazendo barro e aplicando-o aos olhos doentes, Jesus age também como o Pai, curando o cego de nascença. Embora essa visão das coisas nos perturbe, como na época perturbou os judeus, devemos acolhê-la na fé, pois Jesus é a luz do mundo.

Oração

Deus, na luz da tua Palavra e na força de teu Espírito, transforma nossos limites e até mesmo nossas deficiências em ocasiões de proclamar a tua bondade. Faze que sejamos curados no corpo e no espírito, recobrando a saúde, mas, sobretudo, tornando-nos capazes de ver a doença e nossos sofrimentos com os teus olhos, segundo a prática do teu Filho, para que, unidos a ele enquanto é tempo, vivamos na unidade do teu Espírito para todo o sempre. Amém.

17

Lázaro, vem para fora!

Abertura (Sl 118,1.14-17)

Celebrai o Senhor, porque ele é bom;
pois eterno é seu amor.
Minha força e meu canto é o Senhor,
ele foi minha salvação.
Gritos de júbilo e de vitória
ressoam nas tendas dos justos:
"A mão direita do Senhor fez maravilhas,
a mão direita do Senhor se levantou,
a mão direita do Senhor fez maravilhas".
Não morrerei, mas viverei
para anunciar as obras do Senhor.

Leitura (Jo 11,5.14.17.33.38-39.41-44)

Jesus tinha muito amor a Marta, a sua irmã Maria e a Lázaro. Lázaro morreu. Quando Jesus chegou, encontrou Lázaro já sepultado, havia quatro dias. Maria, quando o viu, caiu de joelhos diante dele. Quando Jesus a viu chorar [...] comoveu-se interiormente e perturbou-se. Ele perguntou: "Onde o pusestes?". [...] De novo, Jesus ficou interiormente comovido. Chegou ao túmulo [...] e disse: "Tirai a pedra!". Tiraram então a pedra. E Jesus, levantando os olhos para o alto, disse: "Pai, eu te dou graças porque me ouviste! Eu sei que sempre me ouves, mas digo isto por causa da multidão em torno de mim, para que creia que tu me enviaste". Dito isso, exclamou com voz forte: "Lázaro, vem para fora!". O morto saiu. [...] Jesus, então, disse-lhes: "Desamarrai-o e deixai-o ir".

Breve consideração

A volta à vida de Lázaro, sepultado havia quatro dias, anuncia a morte e a ressurreição de Jesus. Dá-nos também a certeza de que o Senhor tem o poder de nos curar e, chegada a hora, de nos fazer vencer até mesmo a morte. Jesus nos cura com a intensidade da emoção de quem nos ama, como deixou transparecer, por nossa causa, no seu amor por Marta, por Maria e por Lázaro. Sua súplica é dirigida ao Pai, que sempre o ouve, e o constitui senhor e fonte da vida. Jesus, como declarou a Marta, "é a ressurreição e a vida". Quem nele crê, ainda que esteja doente ou "mesmo que tenha morrido, viverá" (Jo 11,25).

Oração

Deus, atendendo à súplica de teu Filho, emocionado com a morte do amigo e as lágrimas de Maria, fizeste tornar à vida o morto sepultado havia quatro dias. Nós te suplicamos, em união de Espírito com Jesus, que tanto nos ama, que nos concedas a graça da cura, no corpo e no espírito, para que alimentemos a esperança de um dia estar contigo para sempre. Por Jesus, teu Filho e Nosso Senhor, na unidade do Espírito Santo. Amém.

18

Eu sou o pão da vida

Abertura (Sl 23,1-3.5-6)

O Senhor é o meu pastor, nada me falta.
Ele me faz descansar em verdes prados,
a águas tranquilas me conduz.
Restaura minhas forças,
guia-me pelo caminho certo,
por amor do seu nome.
Diante de mim preparas uma mesa, [...]
unges com óleo minha cabeça,
meu cálice transborda. [...]
Vou morar na casa do Senhor
por muitíssimos anos.

Leitura (Jo 6,30-35.39-40)

Eles perguntaram: "Que sinais realizas para que possamos ver e acreditar em ti? Que obras fazes? Nossos pais comeram o maná no deserto, como está escrito: 'Deu-lhes a comer o pão do céu'". Jesus respondeu: "Em verdade, em verdade, vos digo: não foi Moisés quem vos deu o pão do céu. É meu Pai quem vos dá o verdadeiro pão do céu. Pois o pão de Deus é aquele que desce do céu e dá a vida ao mundo". Eles então pediram: "Senhor, dá-nos sempre desse pão!". Jesus lhes disse: "Eu sou o pão da vida. Quem vem a mim não terá mais fome, e quem crê em mim nunca mais terá sede. [...] E esta é a vontade daquele que me enviou: que eu não perca nenhum daqueles que ele me deu, mas o ressuscite no último dia. [...] Quem vê o Filho e nele crê tem a vida eterna. E eu o ressuscitarei no último dia".

Breve consideração

O maná era expressão de que Deus, através de Moisés, sustentara o seu povo na longa travessia do deserto. O verdadeiro sustento de todos nós, na longa e por vezes difícil travessia desta vida, é o próprio Filho, enviado pelo Pai, para que tenham a vida eterna os que nele creem. Prefigurado pelo maná, o Filho se dá a nós sob a forma de alimento. É o pão da vida, que há de saciar toda nossa fome de saúde e toda nossa sede de amor. A Eucaristia é a oração de cura por excelência, em que a vida de Deus nos é comunicada sacramentalmente, capaz de curar os nossos males e de nos alimentar para a vida eterna.

Oração

Deus, que pela participação no corpo e no sangue de teu Filho nos dás a saúde do corpo e nos alimentas com o amor do

Espírito, faze que, orando na profundidade de nosso coração, para que seja feita a tua vontade na terra como no céu, possamos nos libertar de nossas enfermidades para te louvar eternamente. Pelo mesmo Jesus Cristo, teu Filho e Nosso Senhor, na unidade do Espírito Santo. Amém.

Sumário

Introdução 3

A oração de cura: esquema de celebração 11

1. O carinho com os doentes
   (A sogra de Simão. Sl 6,2-6;
   Mc 1,29-34) 15

2. O alívio da viúva
   (O filho da viúva de Naim.
   Sl 16,8-11; Lc 7,11-15) 18

3. Tudo é possível para quem tem fé
   (O filho epiléptico. Eclo 38,9-12;
   Lc 9,37-40; Mc 9,18.22-26) 21

4. Senhor, a ti clamei e me curaste
   (O leproso. Sl 30,3-8;
   Mc 1,40-45) 24

5. Faça-se conforme a tua fé
   (O cego à beira do caminho.
   Sl 54,3-4.6.8-9; Mc 10,46-52) 28

6. Aí está o vosso Deus
   (O paralítico. Is 35,1-4;
   Mc 2,1-12) 32

7. Não é este o filho de Davi?
   (O cego e mudo. Jr 30,8-11.17.19;
   Mt 12,22-26) 36

8. Não tenhas medo, somente crê!
   (Jairo e a hemorroíssa. Sl 103,1-5;
   Mt 9,18-26) 39

9. Dar glória a Deus
   (Os dez leprosos. Sl 126,1-6;
   Lc 17,11-19) 43

10. O dia do Senhor
    (O homem com a mão seca.
    Os 6,1-6; Mt 12,1-2.7-14) 47

11. Louvar a Deus
    (A mulher encurvada. Sl 36,6-10;
    Lc 13,10-17) 51

12. Curar ou não?
    (A cura do hidrópico. Sl 41,9-13;
    Lc 14,1-6) 55

13. **Dize-me uma só palavra!**
    (O servo do centurião.
    Sl 72,10-13.17; Mt 8,5-13)..........................59

14. **Impôs-lhe as mãos**
    (O cego de Betsaida.
    Sl 119,17-19.44-45; Mc 8,22-26) 63

15. **Levanta-te, pega tua maca e anda**
    (A cura do enfermo no sábado.
    Sl 31,10-11.13.15-17; Jo 5,2.5-18)...............67

16. **Para que se manifestem as obras de Deus**
    (O cego de nascença. Sl 32,1-2.7.11;
    Jo 9,1-7.38-39) 71

17. **Lázaro, vem para fora!**
    (A ressurreição de Lázaro. Sl 118,1.14-17;
    Jo 11,5.14.17.33.38-39.41-44) 75

18. **Eu sou o pão da vida**
    (A fé na vida eterna. Sl 23,1-3.5-6;
    Jo 6,30-35.39-40) 79

Coleção Nossas Devoções

- *A Senhora da Piedade*. Setenário das dores de Maria – Aparecida Matilde Alves
- *Albertina Berkenbrock*. Novena e biografia – Sérgio Jeremias de Souza
- *Divino Espírito Santo*. Novena para a contemplação de dons e frutos – Mons. Natalício José Weschenfelder e Valdecir Bressani
- *Dulce dos Pobres*. Novena e biografia – Marina Mendonça
- *Frei Galvão*. Novena e história – Pe. Paulo Saraiva
- *Imaculada Conceição*. Novena ecumênica – Francisco Catão
- *Jesus, Senhor da vida*. Dezoito orações de cura – Francisco Catão
- *João Paulo II*. Novena, história e orações – Aparecida Matilde Alves
- *João XXIII*. Biografia e novena – Marina Mendonça
- *Maria, Mãe de Jesus e Mãe da humanidade*. Novena e coroação de Nossa Senhora – Aparecida Matilde Alves
- *Menino Jesus de Praga*. História e novena – Giovanni Marques
- *Nhá Chica*. Novena, história e orações – Aparecida Matilde Alves
- *Nossa Senhora Achiropita*. Novena e biografia – Antonio S. Bogaz e Rodinei Thomazella
- *Nossa Senhora Aparecida*. História e novena – Maria Belém
- *Nossa Senhora da Cabeça*. História e novena – Mario Basacchi
- *Nossa Senhora da Luz*. Novena e história – Maria Belém
- *Nossa Senhora da Penha*. Novena e história – Maria Belém
- *Nossa Senhora da Salete*. História e novena – Aparecida Matilde Alves
- *Nossa Senhora das Graças ou Medalha Milagrosa*. Novena e origem da devoção – Mario Basacchi
- *Nossa Senhora de Caravaggio*. História e novena – Pe. Volmir Comparin e Pe. Leomar Antônio Brustolin
- *Nossa Senhora de Fátima*. Novena e história das aparições aos três pastorzinhos – Mons. Natalício José Weschenfelder
- *Nossa Senhora de Guadalupe*. Novena e história das aparições a São Juan Diego – Maria Belém
- *Nossa Senhora de Lourdes*. História e novena – Mons. Natalício José Weschenfelder
- *Nossa Senhora de Nazaré*. Novena e história – Maria Belém

- *Nossa Senhora Desatadora dos Nós*. História e novena – Frei Zeca
- *Nossa Senhora do Bom Parto*. Novena e reflexões bíblicas – Mario Basacchi
- *Nossa Senhora do Carmo*. Novena e história – Maria Belém
- *Nossa Senhora do Desterro*. História e novena – Celina H. Weschenfelder
- *Nossa Senhora do Perpétuo Socorro*. História e novena – Mario Basacchi
- *Nossa Senhora Rainha da Paz*. História e novena – Celina Helena Weschenfelder
- *Novena à Divina Misericórdia*. Santa Maria Faustina Kowaslka, história e orações – Tarcila Tommasi
- *Novena do Bom Jesus* – Francisco Catão
- *Ofício da Imaculada Conceição*. Orações, hinos e reflexões – Cristóvão Dworak
- *Orações do cristão*. Preces diárias – Celina H. Weschenfelder (org.)
- *Padre Pio*. Novena e história – Maria Belém
- *Paulo, homem de Deus*. Novena de São Paulo, Apóstolo – Francisco Catão
- *Reunidos pela força do Espírito Santo*. Novena de Pentecostes – Tarcila Tommasi
- *Rosário por uma transformação espiritual e psicológica* – Gustavo E. Jamut
- *Rosário dos enfermos* – Aparecida Matilde Alves, fsp
- *Sagrada face*. História, novena e devocionário – Giovanni Marques
- *Sagrada Família*. Novena – Pe. Paulo Saraiva
- *Sant'Ana*. Novena e história – Maria Belém
- *Santa Cecília*. Novena e história – Frei Zeca
- *Santa Edwiges*. Novena e biografia – J. Alves
- *Santa Filomena*. História e novena – Mario Basacchi
- *Santa Joana d'Arc*. Novena e biografia – Francisco de Castro
- *Santa Luzia*. Novena e biografia – J. Alves
- *Santa Paulina*. Novena e biografia – J. Alves
- *Santa Rita de Cássia*. Novena e biografia – J. Alves

- *Santa Teresinha do Menino Jesus*. Novena e biografia – Mario Basacchi
- *Santo Afonso de Ligório*. Novena e biografia – Mario Basacchi
- *Santo Antônio*. Novena, trezena e responsório – Mario Basacchi
- *Santo Expedito*. Novena e dados biográficos – Francisco Catão
- *São Benedito*. Novena e biografia – J. Alves
- *São Bento*. História e novena – Francisco Catão
- *São Cosme e São Damião*. Biografia e novena – Mario Basacchi
- *São Cristóvão*. História e novena – Pe. Mário José Neto
- *São Francisco de Assis*. Novena e biografia – Mario Basacchi
- *São Geraldo Majela*. Novena e biografia – J. Alves
- *São Guido Maria Conforti*. Novena e biografia – Gabriel Guarnieri
- *São José*. História e novena – Aparecida Matilde Alves
- *São Judas Tadeu*. História e novena – Maria Belém
- *São Marcelino Champagnat*. Novena e biografia – Ir. Egídio Luiz Setti
- *São Miguel Arcanjo*. Novena – Francisco Catão
- *São Pedro, Apóstolo*. Novena e biografia – Maria Belém
- *São Sebastião*. Novena e biografia – Mario Basacchi
- *São Tarcísio*. Novena e biografia – Frei Zeca
- *São Vito, mártir*. História e novena – Mario Basacchi
- *Tiago Alberione*. Novena e biografia – Maria Belém